Você é o melhor Pai do mundo

Direção de arte: Trini Vergara
Programação visual: S|L Estudio
Edição: Cristina Alemany
Tradução: Fabrício Valério
Revisão: Eliel S. Silva e Josias A. Andrade

www.vreditoras.com.br

Rua Capital Federal, 263
01259-010 - Bairro Sumaré - São Paulo - SP
Tel./Fax: (55 11) 4612-2866
e-mail: editoras@vreditoras.com.br

ISBN 978-85-7683-201-0

Impresso na China
Printed in China

Dados Internacionais de Catalogação na Publicação (CIP)
(Câmara Brasileira do Livro, SP, Brasil)

Você é o melhor pai do mundo / Lupe Klein [compilador];
[tradução Fabrício Valério]. 2. ed. Cotia, SP: Vergara & Riba
Editoras, 2009.
(Coleção quero lhe dizer)
Título original: Eres el mejor padre del mundo.
Vários autores.

ISBN 978-85-7683-201-0

1. Citações, máximas etc. 2. Pais I. Klein, Lupe. II. Série.

09-04368 CDD-808.882

Esta publicação segue as normas do Novo Acordo Ortográfico da Língua Portuguesa.

Você é o melhor Pai do mundo

Lupe Klein

V&R
EDITORAS

Durante nossa infância atribuímos poderes quase onipotentes a nosso pai.

FREDERICK W. FABER

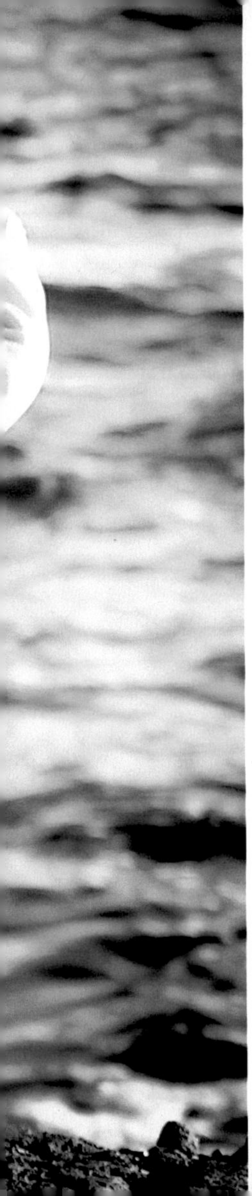

Pai: ao próprio Deus
não pudemos dar um nome
mais sagrado.

William Wordsworth

O que viremos a ser dependerá
do que aprendamos com nossos pais
quando não estão tratando de nos ensinar nada.

Umberto Eco

Um bom pai vale por cem mestres.

Jean-Jacques Rousseau

Não tenha nenhuma dúvida sobre isto: ao final de sua vida
não importará sua pontuação no golfe, nem sua carreira,
nem o valor das ações que tenha comprado.
Importará o que poderia ter feito melhor para seus filhos.
Faça-o agora, enquanto pode.

KEN CANFIELD

A paternidade não é uma corrida de cem metros rasos, é uma maratona.

Paul L. Lewis

Graças a meu pai aprendi
a apreciar a beleza na natureza
e nas obras dos homens.
Assim fui capaz de escolher e ser livre.

Seu filho precisa de um homem
como pai, não de uma máquina.
Quer um pai de verdade,
uma pessoa real, capaz
de cometer erros, de admiti-los
e de corrigi-los, se puder.

C. D. Williams

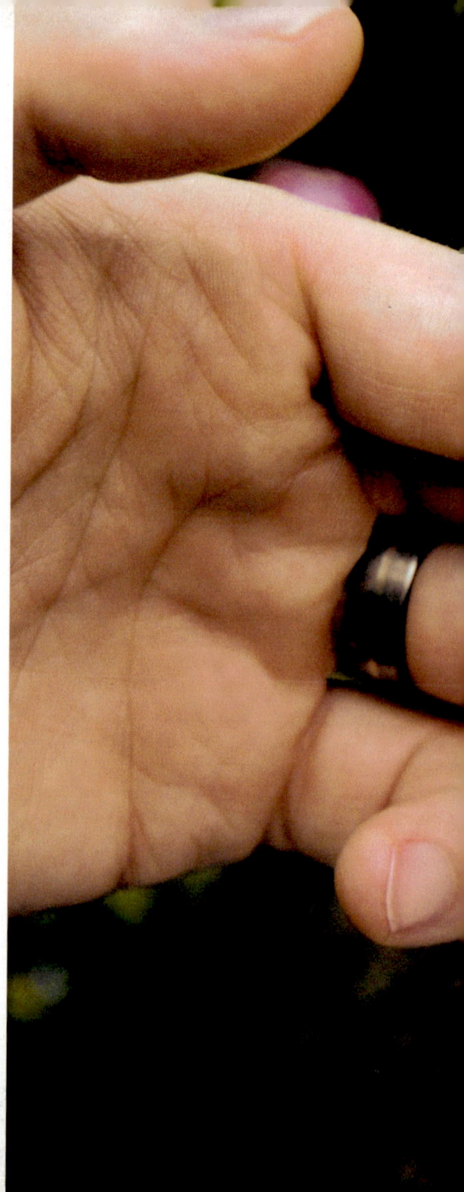

Sem uma mulher e sem filhos,
o homem está sozinho no mundo,
tremendo de frio.

André Maurois

As crianças nunca foram boas
nisso de escutar seus pais,
mas jamais deixaram de imitá-los.

JAMES BALDWIN

És o porto seguro de teu filho,
a ilha no meio de um oceano.
Uma âncora e um farol.

PHILLIP MCGRAW

O filho semeia no sulco de seu pai.

Provérbio oriental

O trabalho do pai
nunca termina de todo.
Um pai
seguirá influenciando seus filhos
mesmo quando já não estiver.
Muitas vezes, até mais.

Até que não tenha um filho seu,
não conhecerá a alegria, o amor
muito além do sentimento que ecoa no coração
de um pai quando olha o seu filho;
o senso de honra que faz com que um homem
queira ser mais do que é e deseje colocar algo bom
e esperançoso nas mãos de seu filho.

Kent Nerburn

Um pai tem a oportunidade de escolher suas palavras, mas nem sempre pode controlar suas consequências.

GORDON MACDONALD

Quando você escrever a lista
dos milagres da vida,
poderia colocar, acima de tudo,
o momento em que seu bebê
lhe sorriu pela primeira vez.

Bob Green

Amo teus cabelos brancos,
teu queixo austero, tua boca firme
e teu olhar franco,
teu peito vasto, sólido e certeiro.
Estou chamando, batendo à porta.
Parece que sou eu que morro:
Pai meu, desperta!

Jaime Sabines

Um homem de sucesso é aquele
que é amado por seus filhos,
os quais, além disso, o fazem
sentir-se orgulhoso de ser pai.

David Brown

Não imagino outra necessidade
mais importante durante a infância
do que a de sentir-se protegido por um pai.

Sigmund Freud

Antes de ser pai,
tinha seis teorias
sobre como educar as crianças.
Agora tenho seis filhos
e nenhuma teoria.

John Wilmot

Quando um pai dá ao filho,
riem ambos;
quando um filho dá ao pai,
choram os dois.

Provérbio judeu

O pai ideal é, ao mesmo tempo,
forte como uma montanha
e cálido como o sol.
Possui a calma de um mar sereno,
a alma generosa da natureza,
a sabedoria dos tempos,
a alegria de uma manhã primaveril
e a segurança que nos transmite
em um gesto que tudo resume:
seu abraço protetor.

As mulheres
o convertem em poeta;
os filhos, em filósofo.

MALCOLM DE CHAZAL

Não há travesseiro mais suave
que o ombro forte de um pai.

RICHARD L. EVANS

Ri, criança,
que te trago a lua
quando for preciso.

MIGUEL HERNÁNDEZ

Há algo imenso no amor de um pai:
algo que não pode falhar, algo
em que acreditar ante todo o mundo.

FREDERICK W. FABER

Nos momentos difíceis você conta apenas consigo.
Nas épocas de adversidade, com seus amigos.
Mas nos tempos de sofrimento, muitas vezes
só conta com seu pai...

Chae Richardson

Pai é aquele que ama, cuida e aproveita
a relação com seus filhos.

IRENE MELER

O que um pai
diz a seus filhos
o mundo não ouve,
mas pode ser escutado
pela posteridade.

JEAN PAUL RICHTER

Ficou demonstrado que, para o bem ou para o mal, o pai é o homem mais importante na vida de qualquer mulher.

Julia Soler

Há algo, como uma linha de fio dourado,
que flui das palavras de um homem
quando fala com seu filho.
Esta, gradualmente, com o passar dos anos,
estende-se até chegar a suas mãos
para que teça com seu filho um tecido
que compreenderá como o amor mesmo.

JOHN GREGORY BROWN

Um pai é aquele que lhe mostrará
como trabalham as formigas,
o ensinará a dirigir,
enxugará suas primeiras lágrimas de amor,
o acompanhará quando se casar,
o levará até o avião quando partir
em busca de novos horizontes
e sempre estará orgulhoso de você.
Porque para isso foram seus esforços:
para que levante voo longe do ninho
e faça sua própria vida.

Não somos conscientes
do amor de um pai
até que nos transformamos em um.

Henry Ward Beecher

***Muitas vezes você fez
com que eu me sentisse grande
mesmo sendo pequeno.
Obrigado, papai.***

Comporte-se com seu pai
como gostaria que se comportassem
seus filhos com você.

Isócrates

Quando era pequeno,
só queria ser como meu pai.
Mas graças a sua sagacidade
e ao seu amor pude ser eu mesmo.

Alan Frers

NIKE

O pai que deseja gozar
a essência da paternidade
deverá abandonar a perspectiva
de sua própria experiência,
levar com ele os frutos de sua viagem
e começar de novo ao lado de seu filho,
marchando passo a passo, juntos,
pelo mesmo velho caminho.

ANGELO PATRI

Sua opinião é importante!

Mande um e-mail para **opiniao@vreditoras.com.br**

com o título deste livro no "Assunto".